DE LA INTERPRETACIÓN A LA ARGUMENTACIÓN EN MATERIA FISCAL

DE LA INTERPRETACIÓN A LA
ARGUMENTACIÓN EN MATERIA FISCAL

Dr. Juan Austreberto de la Cruz Zamudio

DISTRIBUCIÓN MUNDIAL
PRIMERA EDICIÓN
MÉXICO 2025
Φ EDITORIAL DIASOFÍA®
JUAN A. DE LA CRUZ ZAMUDIO
Derechos reservados 2016

CIENCIAS JURÍDICAS

Introducción

* * *

Prepare este trabajo que comenzó como una mera inquietud a las interrogantes realizadas por mis alumnos acerca de cómo argumentar en los juicios de naturaleza fiscal y que una vez culminado como toda obra humana sirva y sea de provecho, para los que comparten mi opinión que escriban al respecto y para los que no comparten lo que he expuesto que se expresen también al respecto, esto con el fin de generar el debate que eleve la calidad de nuestras ideas.

Dr. Juan Austreberto de la Cruz Zamudio

Querétaro, México, octubre de 2016.

Para mi familia de siempre

CONTENIDO

* * *

CAPÍTULO I: PERSPECTIVA

* * *

En el derecho fiscal como en todas las ramas del derecho escuchamos acerca de la interpretación, así como de los métodos de interpretación de la ley. En la cuestión práctica los abogados litigantes intentan obtener el mejor método que les lleve por el derrotero de la victoria y ni se diga de los que promocionan los métodos de interpretación con los cuales se ganará los juicios como si se tratara de magia que al completar los ritos devendrán en sentencia favorables.

La interpretación es una actividad importante ya que nos lleva a conocer que por diversos métodos descifremos el sentido de un texto normativo. El problema de la interpretación es que podemos interpretar y entender lo que dice un texto normativo, pero cuando se lleva a cabo la práctica en el foro esta interpretación debe darse a conocer al órgano juzgador de lo contrario si no sabemos darlo a conocer en forma apropiada es probable que por mucho entendimiento e interpretación que se tenga de los textos normativos al no saber argumentar se obtendrá al final un resultado adverso.

Lo que se intenta con el presente trabajo es ir al siguiente paso de la interpretación que es la argumentación. En alguna conferencia a la que asistí hace ya algunos años el doctor Burgoa rememoraba que, para la procedencia exitosa de una acción en un juicio, primero había que tener un derecho, enseguida saber pedirlo y en último lugar que lo concedieran *(ratio decidendi)*. El *quid* de la cuestión es precisamente saber cómo construir esa segunda parte y esa tercera parte, el saber construir las premisas para saber pedir y saber argumentarlas para que sean concedidas. De lo que tratara el presente trabajo es conocer en qué consiste la argumentación y cómo se argumenta. La importancia de la presente obra será determinar que la argumentación es el segundo paso de la decisión jurisdiccional, ya que como dijimos el primero es la interpretación, el segundo la argumentación y el último será cuando se da la decisión del juzgador y establece un estándar de validación para casos ulteriores.

Cuando se habla de argumentación tenemos tres aspectos, el primero de ellos el abstracto, entender qué es la argumentación desde un punto filosófico. El segundo de ellos es el encontrar la forma práctica en que se desarrolla la argumentación, es decir las diversas formas que podemos ocupar y el último relativo a la parte instrumental que es la parte de la oportunidad para realizar ciertos actos y concatenarlos al final de la jornada procesal.

Una vez enumerados los aspectos de la argumentación, me permito disertar sobre el primero y es el relativo a que entendemos por argumentación desde una perspectiva filosófica. En su obra TAMAYO expone que la argumentación no es la actividad de convencimiento de las partes, tampoco es discusión, lo que trata la argumentación es que el mejor argumento sea el ganador y que no quede duda de eso, en el caso de controversia, trabada la *litis* el ganador será el que presente el mejor argumento, esto no significa que *ipso facto* que el argumentista perdidoso se adherirá al argumento ganador convencido que realmente es el mejor, por ello concluye KELSEN, que *ab obvo* la justicia no puede existir ya que siempre habrá un perdedor en toda contienda que estará infeliz[*] lo que se busca con la argumentación es la de demostrar claramente que el argumentista vencedor es el

---

[*] HANS KELSEN: *¿Qué es la Justicia?*, México: Fontamara, 1991, p. 10.

que expuso el mejor argumento y por ello se falló a su favor. Refiere TAMAYO:

> [...] constituye un error ampliamente compartido confundir argumentar con debatir o polemizar (o simplemente discutir). Esto se debe además a la idea de polisemia de las palabras y a la idea de "persuasión" o "convencimiento" que subyace detrás de las polémicas o debates, así como de los elementos emocionales que les acompañan. De esta forma cuando un "polemista" (orador, líder o predicador) se encuentra convencido (o no) de una idea, recurre a cualquier medio (discursivo, escénico, psíquico) para convencer. El polemista busca adhesión, busca "consenso" y llama, falazmente, "argumentos" a lo que dice. [*]

La argumentación entonces es todo un proceso que se lleva a cabo con el material que se tiene a la mano que se estudia, se analiza, se discrimina y se expone, quién crea que la argumentación puede ser ofrecida en forma arbitraria se equivoca, ya que no se trata de una cuestión de suerte; TAMAYO refiere en cuanto a la forma de argumentar:

> [...] la argumentación no es una yuxtaposición de materiales desordenados, indefinidos en número. Por lo contrario, en la argumentación sólo participan argumentos cuya identidad, conmensurabilidad y oportunidad ha sido satisfecha. La argumentación no es indefinida, la argumentación presupone un ámbito bien determinado, espacial (identidad de los "jugadores"), material (sólo jugadas del juego), espacial y temporalmente. A este respecto cabe

---

[*] ROLANDO TAMAYO Y SALMORÁN: *Razonamiento y argumentación jurídica -el paradigma de la racionalidad y ciencia del derecho*, México: UNAM 2007, p. 197.

señalar que la argumentación, como los demás juegos, no es, *sine die,* tiene punto final, esto es que la argumentación puede concluir por abandono de los participantes.[*]

---

[*] *Ibídem.*

Capítulo ɪɪ: La forma práctica de la argumentación

* * *

El segundo de los aspectos de la argumentación es la parte material y es donde demostraremos la validez de los argumentos para que el desenlace sea favorable, se lidiarán con aspectos materiales cómo ¿A quién va dirigida nuestra ponencia? ¿Por quién será leída? ¿Tenemos lo que PERELMAN llama el auditorio universal?*, esto será definitivo en el resultado que se obtenga ya que podemos argumentar en forma retórica si nuestro auditorio no es versado en la teoría jurídica- *i. e.* no es auditorio universal- utilizaremos entonces palabras y formas para obtener la resolución favorable del auditorio neófito más afecto a la impresión que al *substratum.*

En el ámbito fiscal cuando argumentemos tendremos siempre en mente lo que prescriben los dos párrafos del artículo quinto del Código Fiscal de la Federación y que para mejor comprensión se transcriben:

> [...] Artículo 5o.- Las disposiciones fiscales que establezcan cargas a los particulares y las que señalan excepciones a las mismas, así como las que fijan las infracciones y sanciones, son de aplicación estricta. Se considera que establecen cargas a los

---

* MANUEL ATIENZA: *Las razones del derecho -teorías de la argumentación jurídica-*, México: UNAM, 2009, p. 69.

particulares las normas que se refieren al sujeto, objeto, base, tasa o tarifa. Las otras disposiciones fiscales se interpretarán aplicando cualquier método de interpretación jurídica. A falta de norma fiscal expresa, se aplicarán supletoriamente las disposiciones del derecho federal común cuando su aplicación no sea contraria a la naturaleza propia del derecho fiscal.

En el primer párrafo del numeral antes transcrito impone *conditio sine quan non* aplicar en forma estricta aquellas disposiciones que establezcan cargas a los particulares estableciendo un nexo copulativo entre cargas y sujeto, objeto, base, tasa o tarifa, *i. e.* no admite interpretación alguna, siempre que un problema fiscal nos aqueje y argumentemos lo haremos desde la perspectiva predispuesta en forma biyectiva en el artículo quinto del ordenamiento fiscal, si se trata de un problema de aplicación estricta debemos de exponer las razones del porque lo consideramos de esa manera, la materia fiscal se circunscribe a esta disposición, en el caso de no encontrarnos en este supuesto, lo ulterior será ir al párrafo siguiente que debe de aplicarse a *contrario sensu*, esto es que las demás disposiciones fiscales, aquéllas que no establezcan cargas fiscales a los particulares admiten cualquier método de interpretación jurídica, a este respecto comentamos que la argumentación se amplía ya que admite cualquier método de interpretación por ende de argumentación, acudiremos a los diversos métodos de interpretación y argumentaremos las razones que nos asisten para considerar que los nuestros son los mejores y son los que deben de prevalecer en el ánimo de la autoridad jurisdiccional.

Cuando la argumentación parte del supuesto de que será resuelto por un órgano jurisdiccional entonces el problema será de qué tipo de argumentos presentaremos siempre en la vertiente relacionada con el artículo quinto del Código Fiscal, en este caso hay que estar atentos a la forma en que presentaremos nuestras premisas, en el caso de la premisa mayor señalar los ordenamientos fiscales aducidos por la autoridad, ya sea sustantivos y adjetivos, la premisa menor serán las razones utilizadas por el argumentante sobre las motivaciones y la fundamentación plasmadas en el acto fiscal y que conlleven a plantear correctamente lo que se quiere defender, en las razones debemos de ser específicos al argumentarlas ya que de lo contrario obtendremos un resultado adverso y, por último la conclusión entre la inadecuación del hecho al derecho o a *contrario sensu* la adecuación del hecho al derecho.

En ese nivel del argumento podemos emplear las figuras hipotéticas *modus ponendo ponens* -modo que afirmando afirma-, el *modus tollendo tollens* -modo que negando niega, el *modus ponendo tollens* -modo que afirmando niega- y *modus tollendo ponens* -modo que negando afirma-. Cuando atacamos en la práctica forense un proceso irá relacionada la premisa mayor siempre con la premisa menor que será el argumento principal, -ya que la premisa mayor como se mencionó se compone de la norma, entendiendo norma como el razonamiento de la autoridad para emitir un acto fundado y motivado- *i. e.* nombrando con propiedad la construcción jurídica concatenada de artículos y leyes aplicadas, a esto lo llamaremos la "justificación autoritativa", enseguida tendremos que crear nuestra premisa menor la cual lleva también una justificación que se concatena con las probanzas ofertadas y que llevarán a la conclusión del argumento que tendrá que ser en la totalidad de las veces con predicado apodíctico. Si recurrimos a una segunda instancia tendremos entonces nuevamente que la premisa mayor será la norma y la premisa menor será la resolución dictada por la autoridad jurisdiccional analizando en esta su coherencia y consistencia de la sentencia para terminar de nueva cuenta en la conclusión. Para crear la premisa menor acudiremos a la tópica jurídica bien conocida como el arte de la invención argumentativa práctica, el objetivo principal de la tópica jurídica será la de elaborar correctamente la premisa menor para preparar la conclusión favorable y evitar así una aporía.

Capítulo iii: La tópica jurídica

* * *

En Aristóteles el *topos* no era mera *sedes* de argumentos, sino eran elementos o puntos de partida de una argumentación retórica llamada entimema, en la que funcionaba como premisa.[*] Entendiendo el entimema como aquel silogismo que carece de una de las premisas, que es la mayor la cual se tiene por implícitamente puesta, en este caso se presupone que la premisa mayor es el derecho, entonces se realiza la subsunción y se llega a un resultado práctico.

Ese *topos* se establece para la posteridad y da lugar al precedente el llamado *stare decisis.* En la obra de Aristóteles el concepto de tópica no puede desvincularse de otras dos ideas no menos complejas, las de dialéctica y retórica, obviamente cada una de ellas encaminada a un fin distinto, pero en la forma de desarrollarse cada una de ellas es disímil y solamente se menciona por cuestiones de cultura general, pero no nos abocaremos a estas disciplinas por no ser el tema a tratar.

---

[*] Juan Antonio García Amado: *Teorías de la tópica jurídica,* España: Civitas, 1988, p. 43.

Ahora bien, en el caso de la elección de la segunda premisa es necesario que el predicado de dicha premisa valoremos que lo que se requiere es que dicha premisa sea plausible, es innecesario que la misma sea comprobada científicamente, ya que se trata de una actividad intelectual estructurada de forma tal que permita articular la procedencia de la misma, es innecesario construir todo un proceso axiomatización, entendiendo como la axiomática:

> [...] como el proceso mediante el cual todo un sistema, por ejemplo una ciencia, puede ser generado empleando reglas específicas y la deducción lógica, partiendo de ciertas proposiciones básicas que son los axiomas y postulados.[*]

ARISTÓTELES al respecto escribió que para que implemente la tópica jurídica es necesario que se parta de entes plausibles, verosímiles, probables; no de verdades o certezas absolutas, sino de opiniones más o menos respaldadas, ya que las pruebas científicas deben ser verdaderas, las retóricas, dialécticas y argumentativas sólo probables. ROBERT ALEXY sostiene:

> [...] un enunciado normativo es correcto o –presuponiendo una teoría liberal de la verdad– verdadera cuando puede ser

---

[*] ROBERT BLANCHE: *La axiomática,* México: Fce, 2002, contraportada.

resultado de un determinado procedimiento es decir, el recurso racional.[*]

Quizá la forma en que podemos gráficamente ilustrar las hipótesis normativas será a través de los símbolos "si S es, entonces debe ser P", gráficamente podemos entenderlo y formalmente aplicarlo, el problema reside en cuanto esto se materializa y entonces entra el lenguaje en acción, aquí es donde no hay forma de axiomatizar el derecho.

En los primeros analíticos cuando se afirma que el silogismo no varía al tratarse de una argumentación demostrativa o de una argumentación dialéctica por eso ha podido con razón decirse que la teoría formal del silogismo no se halla especialmente vinculada a la teoría de la demostración, sino se encuentra vinculada a la teoría de la correcta estructuración del pensamiento.[†] Por ello en los primeros analíticos *inter alia* se habla las proposiciones plausibles, posibles y por tanto probables, de las proposiciones que llamare de "razón suficiente" ya que encuentra su sustento en las proposiciones basadas en la

---

[*] ROBERT ALEXY: *Derecho y razón práctica*, México: Fontamara, 2003, p. 74.
[†] JUAN ANTONIO GARCÍA AMADO: *Teorías de la tópica…, o. cit.*, p. 48.

opinión razonable por ejemplo el precedente (*stare decisis*). Al respecto RIBEIRO TORAL comenta:

> [...] la verdad que se construye se legitima desde el principio de incertidumbre, desde el cual solo se puede afirmar a partir de la probabilidad reconociendo la naturaleza contingente y azarosa de la realidad. La verdad se presenta como un discurso que crea un sentido sobre el discurso de la contingencia y el azar de la naturaleza.[*]

Lo importante al momento de plantear una premisa será realizar entre todos los tópicos que tenemos a la mano la jerarquización de estos para esgrimirlos en nuestra defensa fiscal, de este modo irán a la cabeza los superiores y los más fuertes. Para BORNSCHUERER:

> [...] la obtención del tópico más útil y la jerarquía en la aplicación de los tópicos no son racionales, sino que cada topos puede ser *supra* o subordinado a cualquier otro, según el problema de que se trate y los intereses que guíen la argumentación, esto es que nuestra estrategia jugará un papel importante en este tipo de situaciones, se le dejará este razonamiento a la práctica común.[†]

En el caso de la Ley Federal de Procedimiento Contencioso Administrativo en forma expresa supedita por cuestiones de orden público la jerarquía cuando se trate de situaciones concretas relacionadas con la

---

[*] GERARDO RIBEIRO TORAL: *Verdad y argumentación jurídica,* México: Porrúa, 2007, p. 28.
[†] JUAN ANTONIO GARCÍA AMADO: *Teorías de la tópica...*, *o. cit.*, p. 65.

competencia, para mejor comprensión me permito transcribir el numeral aludido:

> [...] Artículo 51.- Se declarará que una resolución administrativa es ilegal cuando se demuestre alguna de las siguientes causales: El Tribunal podrá hacer valer de oficio, por ser de orden público, la incompetencia de la autoridad para dictar la resolución impugnada o para ordenar o tramitar el procedimiento del que derive y la ausencia total de fundamentación o motivación en dicha resolución.

Aquí la misma ley jerarquiza que por cuestiones de orden público el Tribunal puede fallar a favor del actor cuando se trate de incompetencia de la autoridad para dictar una determinada resolución.

Señala GARCÍA AMADO con relación a la tópica:

> [...] que el nudo gordiano de toda teoría de los tópicos o lugares de la argumentación radica siempre en la selección de los más aptos para cada caso y la determinación entre ellos del preferente o los preferentes, de su jerarquía. [*]

Se elegirán los mejores argumentos para ofrecerlos como el punto fuerte de la estrategia, aquí observamos una cuestión netamente práctica, en la tópica de CICERÓN desaparecen la dimensión especulativa del concepto y la abstracción teórica, en favor de la inmediatez práctica. [†]

---

[*] JUAN ANTONIO GARCÍA AMADO: *Teorías de la tópica...*, *o. cit.*, p. 68.
[†] *Ibídem, p. 69*

A la jerarquización de los argumentos en la tópica se le conoció como la doctrina del status que encontró su desarrollo principal en la segunda mitad del siglo II a. de C. por obra de HERMÁGORAS DE TEMNOS. Se trataba en un principio de un medio para ordenar las cuestiones presentes en cada caso jurídico y fijar los puntos en disputa. CICERÓN dirá posteriormente que también tiene cabida, con idéntico cometido, en el género deliberativo y en el laudatorio.*

Considero que todo argumento requiere de una fuente de racionalidad y de una fuente legal, esta división que realizo es procedente ya que en una primera instancia tendremos lo relativo a la argumentación como estructura del pensamiento y *eo ipso* tomaremos los materiales que se refieran directamente a los materiales legales, pruebas, testigos, pericial et *sit cetera*. La fuente de racionalidad se referirá exclusivamente a la interpretación de los hechos y el contexto en el que acontecieron y la fuente legal se referirá a la interpretación de algún texto normativo. De la fuente racional se distingue el aspecto de cómo suceden los hechos para luego valorarlos, definirlos, esto depende

---

* *Ibídem*, p. 71.

de lo que estemos argumentando y si esto es considerado en la ley como violación al derecho, por ende, sancionable y por último llegaremos a la cuestión de calificación, esto es que ya no discutimos el hecho, ni la denominación, sino si este se encuentra justificado. Al respecto ATIENZA a esto lo llama "contexto de descubrimiento y contexto de justificación" y señala sobre el contexto de descubrimiento:

> [...] así, por un lado está la actividad consistente en descubrir o enunciar una teoría que seguir la opinión generalizada, no es susceptible de un análisis de tipo lógico.[*]

En cuanto al contexto de justificación manifiesta:

> [...] el procedimiento consistente en justificar o validar una teoría, esto es, en confrontarla con los hechos a fin de mostrar su validez; está última tarea requiere de un análisis lógico.[†]

Por último, tenemos lo procedimental que se verá en la última parte del trabajo y que consiste en cuestiones de competencia o vicios de procedimiento. En las cuestiones legales observamos entre lo estatuido en el texto de ley y lo que pretendió realizar la Autoridad Fiscal, ver si éstas no se contrarían, ni son ambiguas o contienen lagunas. Cuando la experiencia es vasta entonces llegamos al buen

---

[*] MANUEL ATIENZA: *Las razones...*, *o. cit.*, p. 4.
[†] *Ibídem.*

sentido, a la *sapientia* como fundamento de la elocuencia, entendido como aptitud para ver qué es lo adecuado *(quid deceat)*, o la necesidad de que el orador emplee el juicio *(iudicum)* para pesar los argumentos que para cada ocasión convengan.[*] Concluimos que la tópica es el procedimiento de búsqueda de premisas, su principal tarea consiste en mostrar cómo se operan los *topoi*. La tópica es una teoría de la argumentación sobre las premisas, y no una teoría sobre la argumentación ya que si fuera de esta manera tendríamos que entrar al estudio de la gramática, morfología, *et sit cetera.*

Al respecto sostiene ATIENZA:

> [...] y por lo que se refiere al motor de inferencia, el sistema debe de contar no sólo con reglas de carácter oficial que se encuentran codificadas en textos más o menos conocidos, sino también como reglas de experiencia que no tienen carácter público, sino que son de carácter informal y constituyen lo que se denomina *heurística jurídica.*[†]

En la elaboración de la premisa menor es donde hacen su aparición también las razones, esto es que el actuar en el procedimiento jurisdiccional será a partir de razones que delimitarán nuestro proceder y así apoyarán de manera definitiva nuestra conclusión, esto es importante

---

[*] JUAN ANTONIO GARCÍA AMADO: *Teorías de la tópica...*, *o. cit.*, p. 73.
[†] MANUEL ATIENZA: *Las razones...*, *o. cit.*, p. 43.

ya que las razones no significan por si solas las expresiones lingüísticas, citamos como ejemplo el siguiente, el artículo 81 del Código Fiscal prescribe:

> [...] Artículo 81. Son infracciones relacionadas con la obligación de pago de las contribuciones, así como de presentación de declaraciones, solicitudes, documentación, avisos, información o expedir constancias [...] IV. No efectuar en los términos de las disposiciones fiscales los pagos provisionales de una contribución.

Este artículo relacionado con el ordinal 82 del mismo ordenamiento nos lleva a la consecuencia en caso de no cumplir con las directrices prescriptivas del anterior artículo:

> [...] Artículo 82. A quien cometa las infracciones relacionadas con la obligación de presentar declaraciones, solicitudes, documentación, avisos o información, así como de expedir constancias a que se refiere el artículo 81 de este Código, se impondrán las siguientes multas [...] IV. De 12,240.00 a $24,480.00, respecto de la señalada en la fracción IV, salvo tratándose de contribuyentes que, de conformidad con la Ley del Impuesto sobre la Renta, estén obligados a efectuar pagos provisionales trimestrales o cuatrimestrales, supuestos en los que la multa será de $1,220.00 a $7,340.00.

Si el potencial infractor incurre en el supuesto contenido en la hipótesis normativa, entonces se hará acreedor a una multa, el artículo 81 y 82 no son razones, son simplemente enunciados lingüísticos que expresan algo, la autoridad cuando emita el acto administrativo entonces tendrá una razón para hacerlo y expresara ésta lo que la llevó a emitirlo, de la misma forma el contribuyente afectado por la conducta de la autoridad en su momento tendrá que expresar lo que le lleva a considerar que la autoridad que emitió el acto no lo hizo apegada a derecho y en último término para completar la idea de las razones, la juzgadora al momento de dictar la resolución, mencionará que lo lleva a actuar, ya sea dictando la nulidad lisa y llana, la nulidad para efectos o confirma que el acto tiene plena validez.

Capítulo iv: Las razones para la acción

* * *

En los párrafos que anteceden he mencionado que existen razones para expresar un argumento, pero ¿qué es una razón? el Diccionario de la Lengua Española dispone de once acepciones de la palabra razón, discriminando dicho inventario y tomando el contexto de lo que estamos exponiendo consideramos que la definición que nos expresa mejor el significado es la marcada con el arábigo cuatro que dice:

> [...] argumento o demostración que se aduce en apoyo de algo.*

En la definición antes mencionada tenemos y de acuerdo a lo que hemos expuesto anteriormente no podemos demostrar un argumento jurídico como si fuera una ecuación exacta, pero lo que si podemos hacer es argumentarla, basta que esta sea plausible, posible y probable y que tenga una validación. Entonces tenemos que el hombre en general siempre trabaja para modificar su entorno en razones, *i. e.* motivaciones de cualquier índole que se expresan en su realidad mediata o inmediata

---

* Diccionario de la Lengua Española. 22 ed.

y producen su accionar. Ahora cuando considerar qué algo es razón para actuar, las normas pueden ser consideradas ciertamente como razones para la acción, pero como bien refiere TAMAYO:

> [...] pero este hecho no es suficiente para concluir que las normas sean sólo razones.[*]

Entonces en la argumentación pensaré de la siguiente manera: ¿Cómo puedo saber si X es o no una razón? (obvio para exponer como argumento) ¿Qué convierte a X en una razón?[†] ¿Qué significa lo anterior?, que cuando tenga una determinada razón jurídica dictada por una autoridad ¿cómo la considerare razón o no para en mi deliberación de actuar o no actuar? En el primer caso y siguiendo a TAMAYO, señalare que existen dos clases de razones, la primera de ellas de primer orden que son aquellas que intervienen en una primera instancia en mi deliberación completa para un determinado actuar, en estas primeras razones que no considero que son jurídicas sino más bien prácticas *exempli gratia,* el hecho de que en esta temporada de ciclones tome mi paraguas y mi gabardina todos los días en las tardes expresa que tengo

---

[*] ROLANDO TAMAYO Y SALMORÁN: *Razonamiento...*, o. cit., p. 199
[†] *Ibídem*, p. 200.

la intuición de que lloverá y para no mojarme entonces llevare con que guarecerme, observamos pues que en esta primera instancia tenemos una razón eminentemente práctica. Ahora bien cuando argumentamos en materia jurídica entonces se debe hacer con razones de segundo orden, ¿cuáles son esas razones de segundo orden?, bien pues esas razones son aquellas razones que aceptan en el lado positivo que una determinada regla nos indique un hacer, en el lado negativo es cuando una determinada regla nos indica un determinado no hacer y como respuesta el agente decide si cumplirla o incumplirla, sobre esa base el hecho de que deje de cumplirla no hará que esa regla deje de ser válida y observable. Para todo esto requeriré de una regla de reconocimiento de razones entendida esta como "un criterio de identidad de razones (*i. e.* para que algo sea una razón). De manera general se puede decir que algo es una razón si y sólo si es considerada por A (el agente).[*] Bien tomemos como ejemplo el artículo 31 Constitucional en su fracción IV que transcrito *ad litteram*:

> [...] Artículo 31. Son obligaciones de los mexicanos [...] IV. Contribuir para los gastos públicos, así de la Federación, como

---

[*] ROLANDO TAMAYO Y SALMORÁN: *Razonamiento...*, *o. cit.*, p. 201.

del Distrito Federal o del Estado y Municipio en que residan, de la manera proporcional y equitativa que dispongan las leyes.

Entonces de esta guisa concluimos que: "La obligación de los mexicanos entonces es contribuir al gasto público *in genere*". Desde el punto de vista de las razones de segundo orden tenemos que si somos cumplidos de nuestros deberes y obligaciones como mexicanos deberemos de tomar la anterior directiva como razón suficiente y contribuir como ciudadano para el gasto público. Pero, ¿qué acaece si paso por alto esta directiva y me niego rotundamente a pagar los impuestos? Esta razón de segundo orden se convierte en una razón excluyente, pero no por eso deja de regir para mí como ciudadano del Estado Mexicano, es más puedo decir que seguirá rigiendo hasta el día que muera. Ahora bien, en la argumentación se trata entonces de que argumentemos a partir de razones de segundo orden ya sea positivas o negativas excluyentes, lo importante es tener la regla de reconocimiento de razones y que esta provea los lineamientos de acciones de lo que podemos argumentar o no podemos argumentar, *i. e.* que las jugadas que valen en el juego deben de estar bien determinadas para que los agentes participantes actúan sobre la base de ellas.

Concluimos que las partes en todo proceso jurisdiccional necesariamente adoptan las razones de segundo orden toda vez que adoptan el punto de vista jurídico, esto es que se someten a un ordenamiento y desde ahí parten para tomar razones positivas o excluyentes en sus determinaciones argumentativas.

Capítulo v: El argumento de la legalidad

∗ ∗ ∗

Cuando se examinan los actos dictados por las autoridades y se busca la mejor argumentación para vencerlos analizamos la legalidad del acto jurídico impugnado entendiendo a la legalidad como aquella regla de control y de competencia, Karla Pérez Portilla expone:

> [...] la vinculación del principio de legalidad a todos los poderes del Estado se da en diferentes niveles. Así, tiene una presencia mucho más fuerte en el Ejecutivo que en el jurisdiccional y finalmente, una apenas deducible influencia en el legislativo.[*]

Por ello no hay mejor aforismo jurídico que la autoridad únicamente puede realizar lo que jurídicamente le está permitido. Tamayo se refiere al principio de legalidad de la siguiente manera:

> [...] el principio de legalidad presupuesto en todo el discurso jurídico, tanto en la 'descripción' (textos y tratados) como en la argumentación (alegatos). El principio opera en dos niveles descriptivo y justificativo. El tenor del principio podría formularse así (1) es regla de competencia; i. e. es el derecho de un Estado [...] todo acto jurídico (orden, decisión, mandato) supone una norma jurídica que confiere facultades; todo poder o facultad, requiere necesariamente de fundamentación

---

[*] Karla Pérez Portilla: *Principio de igualdad: alcances y perspectivas,* México: UNAM, 2005, p. 55.

jurídica (2) la legalidad debe controlar los actos de los funcionarios (e. g., el exceso o desvío de poder, decisión *ultra vires*, son cuestiones jurídicas).[*]

Para entender a la legalidad en la argumentación debemos de conocer que la legalidad comprende la regla de competencia y la regla de control, la primera de ellas entendida como quién puede realizar el acto y la regla de control se refiere a cómo debe de hacerlo. Esto es en parte estático y dinámico ya que la legalidad desde el punto de vista estático se encuentra referida a la parte formal de cómo deberán de llevarse a cabo todo acto de autoridad, esto se encuentra descrito en las leyes y en ella se encuadran la forma en que cada una de las autoridades deberán proceder, el aspecto dinámico es cuando la autoridad materialmente realiza el acto y lo plasma en documentos que les serán entregados al contribuyente, en este caso se tendrá el actuar factual de la autoridad y entonces se realizará una comparación entre lo estatuido por la ley y lo aplicado por la autoridad.[†] Ahora bien en la argumentación jurídica existe una gradación de la legalidad y la forma de argumentar será distinta

[*] ROLANDO TAMAYO Y SALMORÁN: *Los publicistas medievales y la formación de la tradición política de occidente*, México: UNAM, 2005, p. 214.
[†] ROBERTO ISLAS MONTES, "Sobre el principio de legalidad", Uruguay: Anuario de derecho constitucional latinoamericano, 2009, p. 6.

dependiendo el poder con el que se trate, esa legalidad presupone un manejo individual para cada uno de los poderes establecidos en el Estado, es distinto para el poder judicial, para el poder ejecutivo, así como para el poder legislativo. Es trascendente lo antes citado ya que la argumentación será distinta dependiendo del poder que crea el acto que se argumentará.

CAPÍTULO vi: LA SÚPER LEGALIDAD

* * *

Cuando se argumenta en materia fiscal deberá de observarse lo relativo a la súper legalidad que se refiere a la constitucionalidad de los actos fiscales, al respecto refiere TAMAYO:

> [...] es fácil percatarse, que el principio de constitucionalidad no es sino un caso especial de legalidad.[*]

Como refiere ISLAS MONTES:

> [...] establece la competencia y el control, y la conformidad del ejercicio de la competencia y el resultado de ella con el ordenamiento supremo del Estado, además faculta y vigila la adecuación de los actos de autoridad al orden supralegal.[†]

Se ha mencionado a la legalidad y a la súper legalidad (argumentación constitucional) como una forma de discriminar argumentos y ofrecerlos con la pertinencia debida, con la legalidad y súper legalidad tenemos la debida justificación para argumentar, aunque esa justificación estará ya más en el campo de la dogmática jurídica ya que tomar las debidas justificaciones para

---

[*] ROLANDO TAMAYO Y SALMORÁN: *Razonamiento...*, *o. cit.*, p. 214.
[†] ROBERTO ISLAS MONTES: *Sobre el principio...*, *o. cit.*, p. 103.

argumentar es una actividad complicada, pero es pertinente hacerla valer con argumentos.

En el año 2011 la Constitución Mexicana fue reformada en lo referente al concepto de garantías individuales y sustituido por el de derechos humanos. La primera reforma, de fecha 6 de junio de 2011 se realizó en la ley de amparo -que es en México la institución jurídica encargada de la protección de los derechos humanos entre otras tareas- el objetivo fue ampliar el espectro de procedencia al otorgar jurisdicción a los tribunales federales para conocer de violaciones a los derechos humanos contenidos en los diversos tratados internacionales en los que México es parte.

La segunda reforma fue en cuanto a lo sustantivo ya que se reconoce la progresividad a través del principio *pro persona*. En el artículo primero fue suprimido el término "garantías" por derechos humanos. Se reconoce que éstos se interpretarán de conformidad a la Constitución y a los tratados internacionales en los que México sea parte.

El mismo numeral obliga a una tutela por parte de todas las autoridades para que en el ámbito de sus competencias promuevan, respeten, protejan y garanticen los derechos humanos. Establece los principios rectores de éstos como son la universalidad, interdependencia, indivisibilidad y progresividad. Impone al estado una serie de acciones como son prevenir, investigar, sancionar y reparar las violaciones a los derechos humanos en los términos establecidos por la ley. Prohíbe la discriminación por razones de origen étnico, por género, edad, entre otras que atenten contra la dignidad humana. La reforma impone al Estado Mexicano el respeto a los derechos humanos y a realizar las acciones necesarias tendentes a protegerlos

Con el cambio constitucional las personas que consideren que un derecho humano ha sido violentado pueden acudir a la instancia legal protectora de éstos y pedir que sea restaurado. En el caso de no hacerlo concurrir a las instancias internacionales. Esto es lo que se ha llamado bloque de constitucionalidad y con ello se obligó a todas las autoridades a que respeten los derechos humanos. Se extiende la defensa de los derechos humanos al ampliar el catálogo de éstos al contemplar a los tratados internacionales como fuente para la salvaguarda. Aquí en lo referente a los derechos humanos relacionados con la materia fiscal es que comenzamos a utilizar lo que hemos denominado "la argumentación constitucional."

La reforma cambió el accionar de los entes públicos con relación a los gobernados ya que impuso la obligación de respeto, ésta obligación es abierta y para que se cumpla debe de ser construido un discurso sobre cada caso a resolver aún en las cuestiones fiscales.

La argumentación constitucional se define como la construcción de discursos para proveer de razones para la resolución de controversias jurídicas relacionadas con los derechos humanos en los que no existe precedente y el fin será juzgar si un derecho humano ha sido respetado por el Estado. Con la reforma constitucional en México la argumentación de ser una responsabilidad de la Suprema Corte, permite ahora una argumentación "propia" por parte de la autoridad al explicar porque considera que no ha violado los derechos humanos. Ahora se vuelven obligatorias las jurisprudencias que antes lo eran sólo a los tribunales.

CAPÍTULO VII: EL ASPECTO PROCESAL

* * *

El último aspecto en la argumentación en materia fiscal es el relacionado con lo procesal y la debida oportunidad de ofrecer los medios idóneos para probar lo que se dice. En esta etapa procedimental podemos compararla con un juego, en donde se tiene jugadas que son permitidas, hay jugadas que son prohibidas y otras jugadas que son obligatorias, esto es como si se tratara de una ajedrez en donde cada una de las piezas en los escaques del tablero están hechas para realizar ciertos movimientos, si se intenta que la reina corra como caballo en forma de escuadra estaremos aplicando mal las normas del juego del ajedrez, si a la torre la hacemos correr en diagonal también estaremos en el mismo supuesto *ceteris paribus*.

Verbi gratia en materia fiscal si la demandada al contestar su demanda asienta que la firma que calza en uno de los documentos es falso, tendrá que probarlo pero si no realiza en tiempo dicha aserción de conformidad a lo preceptuado en el artículo 20 de la Ley Federal de lo Contencioso y Administrativo y ofrece los medios adecuados para probar su afirmación, entonces la aserción no será aceptada. Transcribo dicho numeral para mejor apreciación:

> [...]Artículo 20.- El demandado en su contestación y en la contestación de la ampliación de la demanda, expresará: I. Los incidentes de previo y especial pronunciamiento a que haya lugar. II. Las consideraciones que, a su juicio, impidan se emita decisión en cuanto al fondo o demuestren que no ha nacido o se ha extinguido el derecho en que el actor apoya su demanda. III. Se referirá concretamente a cada uno de los hechos que el demandante le impute de manera expresa, afirmándolos, negándolos, expresando que los ignora por no ser propios o exponiendo cómo ocurrieron, según sea el caso. IV. Los argumentos por medio de los cuales se demuestra la ineficacia de los conceptos de impugnación. V. Los argumentos por medio de los cuales desvirtúe el derecho a indemnización que solicite la actora. VI. Las pruebas que ofrezca. VII. En caso de que se ofrezca prueba pericial o testimonial, se precisarán los hechos sobre los que deban versar y se señalarán los nombres y domicilios del perito o de los testigos. Sin estos señalamientos se tendrán por no ofrecidas dichas pruebas.

Si la demandada al momento del cierre de la instrucción realiza el señalamiento de que la firma que calza en el documento inicial de demanda es falsa, su petición deberá de ser rechazada porque no realizó dicha aserción en el tiempo justo en que debió de realizarse.

Concluimos pues que las reglas del juego se encuentran establecidas y acordamos jugarlas de acuerdo al manual que en este caso será lo adjetivo. La etapa procedimental es la exteriorización de la "oportunidad debida" para la acreditación de nuestros argumentos, los juicios administrativos fiscales se caracterizan porque las probanzas idóneas son generalmente documentales, entonces estas probanzas deberán de ir adjuntadas desde la presentación de la demanda como se encuentra regulado en los numerales que disponen la aceptación y desahogo de las citadas documentales. En el caso de otras probanzas como lo pueden ser testimoniales, inspecciones, periciales, la normatividad adjetiva prescribe la forma en que se preparan estas pruebas nuevamente apareciendo lo que llamo "la oportunidad debida" y la forma en que se desahogaran las mismas. Todo lo anterior son reglas del juego de segundo orden que tomamos en cuenta y las consideramos dentro de la regla de reconocimiento de razones y por ende actuamos, nosotros no podemos venir en medio de un juicio y argumentar una razón de primer orden como manifestar en mi defensa que las instalaciones del Tribunal por estar pintadas de un color horrible merece fallarse en mi favor y ese mi argumento, si bien es cierto esa es una razón, esa razón que aunque es tomada en cuenta en mi deliberación no se encuentra en el catálogo de jugadas validas por tanto no es un argumento atinente, aunque sea verdad que las instalaciones del Tribunal "x" tengan un color horrible y que por esa razón me deprimen, no da lugar al proceder de mi acción o excepción.

Dice TAMAYO al respecto:

> [...] el juego es una confrontación entre dos partes (si son más, se dividen en dos bandos: con el actor o con el demandado). Tratan de probar que lo que ellos hacen (hicieron o harán) es jurídicamente justificado, de conformidad con las normas jurídicas que, consideran, se aplican a este hecho. Las partes defienden diferentes posiciones como, por ejemplo, la "naturaleza" del hecho o definición que le corresponde o la determinación de las normas aplicables al hecho.[*]

Por último, en la elaboración de nuestros argumentos debemos de evitar a toda costa incurrir en lo más común y que son en las falacias, se sostiene que una falacia es aquel razonamiento incorrecto, estos paralogismos se expresan como si fueran un referente racional. Dice ATIENZA que son errores típicos que surgen frecuentemente en el discurso ordinario y que tornan inválidos los argumentos en los cuales aparecen. A continuación, describimos las falacias de atinencia más conspicuas expresadas en los tribunales y que son vicios de pensamiento de lógica y de argumento que traen como consecuencia la ineficacia ya sea de nuestra acción o excepción. La primera de ellas es la falacia *ad ignorantiam*,

---

[*] ROLANDO TAMAYO Y SALMORÁN: *Razonamiento...*, *o. cit.*, p. 217.

esta proposición es verdadera sobre la base de que no se ha probado su falsedad o viceversa de que es falsa porque no se ha probado su verdad. Generalmente cuando no existe el contexto científico que pruebe la solvencia de verdad de una proposición se acude a un argumento que no ha sido refutado como verdadero o falso, *exempli gratia* en Querétaro actualmente se está dando el fenómeno de que existen muchos divorcios y el número sigue a la alza, un diputado aduce que el motivo de esta situación que disgrega a las familias es porque no se toman pláticas prematrimoniales y entonces las parejas no tienen conciencia de la responsabilidad del matrimonio y por eso es motivo suficiente para promover una iniciativa de reforma al Código Civil Estatal sin más argumentos que ese sin atacar otros puntos como investigaciones que provean motivos de peso acerca del fenómeno. Estos argumentos son imposibles de probar en cuanto a su falsedad o verdad. Otro de los argumentos más comunes es el argumento *ad verecundiam* y que se refiere a aquellos argumentos en donde a una tercera persona le damos una autoridad para opinar en una materia en que no la tiene y dicha persona opina favorablemente sobre una cuestión que atañe a nuestro juicio, como ejemplo mencionamos que para discutir una cuestión relacionada con la moral utilicemos lo que dijo en su momento CHARLES DARWIN sobre un tópico moral, en esta situación tendremos que DARWIN puede ser un referente en materia de teorías de la evolución, pero no de moral. El argumento *ad hominem* es aquel argumento en donde cuando es inevitable darle validez, entonces descalificamos a la persona, esto es que lo dicho es válido, pero si proviene el argumento de una persona de no buenas credenciales o de no buena fama entonces se ataca a la persona.

CONCLUSIONES

* * *

La interpretación es la primera parada de la resolución judicial teniendo como fin el encontrar el sentido del texto normativo o de la norma, una vez que se tiene esta base entonces se deberá de argumentar la decisión jurisdiccional; una vez resuelto lo anterior se tendrá nuevo derecho que será la reinterpretación de los materiales dados en la contienda.

La interpretación jurídica nos proporciona los elementos para encontrar el sentido al texto de ley, cuando se interpreta un texto y se acude a un ente jurisdiccional o el juzgador debe decidir algún negocio jurídico entonces se deberá de argumentar y al encontrar la solución se establecerá para esos casos un estándar de regularidad, un precedente con valores y directivas que llevan una tendencia y del que salvo que exista otra mejor argumentación permitan apartarse de lo que se encontraba establecido como precedente, para ello deberá de existir una razón justificativa que lleve a valorar como producto nuevo los argumentos vertidos y así crear un nuevo precedente.

La finalidad de la tópica jurídica no es de carácter silogístico sino meramente de forma, es construir premisas segundas válidas a través de variadas formas y darles jerarquía en relación con el fondo del asunto, la forma y una vez que se tienen estos materiales entonces argumentar tópicamente.

En la elaboración de los tópicos se debe de tomar en cuenta lo relativo a la procedencia de los mismos, estos no requieren de una comprobación científica, baste que estos sean plausibles, probables y posibles para que tengan el talante veritativo.

Para la argumentación se deben de establecer parámetros, éstos deben estar bien definidos ya que inciden en el resultado, a estos parámetros les llamaremos razones, las razones intervienen en nuestro accionar, pero no cualquier razón, debe de ser una razón de segundo orden que nos permita saber que estamos jugando con determinadas reglas bien establecidas y que existe movimientos válidos, identidad de jugadores, identidad en cuanto a los medios probatorios, no valen las jugadas que no se encuentren estipuladas en el *script*.

Uno de los argumentos a tomar en cuenta siempre en una *litis* es la relativa a la actuación de la autoridad, para ello es menester revisar la legalidad de los actos como regla de competencia y como regla de control sin dejar de observar el aspecto estático y dinámico de la legalidad y de la súper legalidad.

La argumentación es oportunidad, tiempo, razón, una de las formas de argumentar tendrá que estar referida a la debida actuación en juicio, *i. e.,* presentar los argumentos para que estos tengan pleno peso al momento de que se dicte una resolución.

Con la reforma constitucional se amplío el espectro de acción de la argumentación al permitir la utilización de instrumentos internacionales que integran el llamado "bloque de convencionalidad."

BIBLIOGRAFÍA

* * *

ALEXY, ROBERT: *Derecho y razón práctica,* México: Fontamara, 2003.

ATIENZA MANUEL: *El derecho como argumentación,* México: UNAM, 2006.

-----: *Las razones del derecho -teorías de la argumentación jurídica-,* México: UNAM, 2009.

BLANCHE, ROBERT: *La axiomática,* México: Fce, 2002, contraportada.

Diccionario de la Lengua Española. 22 ed.

GARCÍA AMADO, JUAN ANTONIO: *Teorías de la tópica jurídica,* España: Civitas, 1988.

ISLAS MONTES, ROBERTO, "Sobre el principio de legalidad", Uruguay: Anuario de derecho constitucional latinoamericano, 2009.

ISLAS MONTES, ROBERTO, JUAN A. DE LA CRUZ ZAMUDIO *et al.: Una introducción a la hermenéutica fiscal,* México: Porrúa, 2007.

KELSEN, HANS: *¿Qué es la justicia?,* México: Fontamara, 1991.

PÉREZ PORTILLA, KARLA: *Principio de igualdad: alcances y perspectivas,* México: UNAM, 2005.

RIBEIRO TORAL, GERARDO: *Verdad y argumentación jurídica,* México: Porrúa, 2007.

ROBLES GREGORIO: *Ciencia jurídica y Constitución -ensayos en homenaje a Rolando Tamayo y Salmorán-,* México: Porrúa, 2008.

TAMAYO Y SALMORÁN, ROLANDO: *Los publicistas medievales y la formación de la tradición política de occidente,* México: UNAM, 2005.

-----: *Razonamiento y argumentación jurídica -el paradigma de la racionalidad y ciencia del derecho,* México: UNAM 2007.

ACERCA DEL AUTOR

* * *

DR. JUAN AUSTREBERTO DE LA CRUZ ZAMUDIO

El Dr. Juan Austreberto de la Cruz Zamudio es un destacado abogado y académico mexicano, especializado en derecho fiscal y administrativo. Obtuvo su Doctorado en Derecho por la Universidad Autónoma de Querétaro (UAQ), donde también completó una Maestría en Derecho Fiscal en 2007.

En su trayectoria profesional, el Dr. de la Cruz Zamudio ha combinado la práctica jurídica con la docencia y la investigación. Ha impartido conferencias y cursos en diversas instituciones educativas, compartiendo su experiencia y conocimientos en materia fiscal y administrativa. Además, ha participado en eventos académicos de relevancia, como el XIII Congreso Nacional de Derecho Fiscal, organizado por la Asociación Mexicana de Derecho Fiscal en mayo de 2010.

Como autor, ha contribuido al análisis y comprensión del derecho fiscal en México. Su obra "De la Interpretación a la Argumentación en Materia Fiscal: Claves del Litigio" aborda la relación entre la interpretación y la argumentación en el litigio fiscal, ofreciendo herramientas valiosas para quienes incursionan en la defensa fiscal. Asimismo, su tesis doctoral titulada "La Sustentabilidad Jurídica" explora la argumentación constitucional y su aplicación en la materialización de los derechos humanos.

Su compromiso con la educación y la práctica legal ha contribuido al fortalecimiento del derecho fiscal y administrativo en México, destacándose como un referente en su campo de especialización.